BEI GRIN MACHT SICH IHR WISSEN BEZAHLT

AF166850

- Wir veröffentlichen Ihre Hausarbeit, Bachelor- und Masterarbeit

- Ihr eigenes eBook und Buch - weltweit in allen wichtigen Shops

- Verdienen Sie an jedem Verkauf

Jetzt bei www.GRIN.com hochladen und kostenlos publizieren

Wie kann der Erziehungsauftrag der Schule angesichts der Heterogenität umgesetzt werden?

Laura Sattel

Bibliografische Information der Deutschen Nationalbibliothek:

Die Deutsche Nationalbibliothek verzeichnet diese Publikation in der Deutschen Nationalbibliografie; detaillierte bibliografische Daten sind im Internet über http://dnb.d-nb.de abrufbar.

ISBN: 9783346578143
Dieses Buch ist auch als E-Book erhältlich.

Druck und Bindung: Books on Demand GmbH, Norderstedt Germany
Gedruckt auf säurefreiem Papier aus verantwortungsvollen Quellen

Das vorliegende Werk wurde sorgfältig erarbeitet. Dennoch übernehmen Autoren und Verlag für die Richtigkeit von Angaben, Hinweisen, Links und Ratschlägen sowie eventuelle Druckfehler keine Haftung.

Das Buch bei GRIN: https://www.grin.com/document/1161436

Hausarbeit

Internationale Hochschule Duales Studium

Studiengang: Soziale Arbeit, B.A.

Erziehung- und Bildungsauftrag im Kontext allgemeinbildenden Schule

Laura Sattel

Fach: Pädagogik

Abgabedatum: 30.09.2021

Inhaltsverzeichnis

1.Einleitung

„Heterogenität ist die größte Herausforderung des Bildungssystems" (Dr.Jörg Dräger, Vorstandsmitglied der Bertelsmannstiftung).

Dieses Zitat von Dr. Jörg Dräger verdeutlicht, dass die Heterogenität nicht nur in unserem Alltag, sondern vor allem im Bildungssystem eine große Herausforderung mit sich bringt.

Heterogenität ist Alltag. Vor allem in Schulen, mit vielen Schülerinnen und Schülern kann die Aufmerksamkeit auf den Individualismus der Schüler nicht mehr gewährleistet werden, obwohl es eine wichtige Grundlage bildet, eine gute Beziehung zwischen den Lehrkräften und Schülerinnen und Schülern aufzubauen, um den Unterricht Best möglichst zu gestalten. Es ist eine große Kunst, auf die jeweiligen Bedürfnisse des Schülers einzugehen und die Anforderungen individuell abzustimmen. Der eine Schüler lernt schneller als der andere, der andere versteht besser und schneller und es gibt welche, die sich schnell überfordert oder auch unterfordert fühlen.

Deshalb ist es wichtig, die Lernanforderungen in heterogenen Gruppen anzupassen und nicht gezwungen eine Schiene zu fahren, denn das bringt den Schülern wenig.

Der optimale Umgang mit Heterogenität ist also der Auftrag des Bildungssystems und somit auch der Auftrag der Schule, diesen zu erfüllen.

In der folgenden Hausarbeit wird sich mit der Frage: „Wie kann der Erziehungs- und Bildungsauftrag der Schule vor dem Hintergrund von Heterogenität in Schule und Unterricht bestmöglich umgesetzt werden?" beschäftigt.

Ziel soll es sein, herauszufinden, ob und wie die Schule einen Erziehungsauftrag angesichts der heterogenen Strukturen nachkommen kann und soll.

Dabei werden unterschiedliche Autoren herangezogen, um sich eine umfangreiche und weitläufige Meinung zu bilden.

Zuerst werden in der Arbeit wichtige Begriffe erläutert, um diese im Verlauf der Arbeit zu verstehen und im Kontext besser einordnen zu können.

Speziell wird dabei auf den Heterogenitätsbegriff, die Begriffserklärung des Erziehungsauftrags sowie auf den Begriff der Leistungserziehung eingegangen.

Des Weiteren folgt der Methodik-Teil. Dieser vermittelt einen Einblick in die Materie um die Forschungsfrage anhand der wissenschaftlichen Grundlangen, welche durch Literaturreche erworben wurden, zu belegen und begründen.

Im letzten Schritt werden die gesammelten Daten als Informationsquelle benutzt, um ein abschließendes Fazit zu ziehen.Dieses beinhaltet, ob anhand der vorhandenen Daten die Forschungsfrage beantwortet werden konnte.

2. Theoretische Fundierung

2.1. Definition Heterogenität

Unter Heterogenität versteht man Unterschiede zwischen Personen, die aufgrund sozialer Differenzen wie Geschlecht, Ethnizität; also die Einordnung kultureller Identitäten, dem Milieu oder etwa Behinderungen gemeint sind (Bundeszentrale für politische Bildung, 2018).

Außerdem wird unter Heterogenität ein soziales Konzept verstanden, welches in der Beziehung zur Gleichheit steht (Jürgen Budde, 2017, S.13).

Im pädagogischen Bereich wird der Heterogenitätsbegriff in der Unterschiedlichkeit der Schüler innerhalb einer Lerngruppe beschrieben (Schorch, 2007, S.178 f.).

Diese Kategorie findet sich in Deutschland oft in Bildungsungleichheiten wieder. Der Begriff Heterogenität wird im Kontext der Schule auch unter lern- und leistungsbezogene Unterschiede verstanden (Bundeszentrale für politische Bildung, 2018).

Zu einer heterogenen Lerngemeinschaft können sowohl unterschiedliche Leistungen, Begabungen, Altersunterschiede sowie die unterschiedlichen Herkünfte und Kulturen führen (Schorch, 2007, S.178 f.).

Aufgabe des Lehrers ist es, auf die individuellen Bedürfnisse einzugehen und diese zu fördern (Schorch, 2007, S.178 f.).

Die Grundbildung des Bildungsstandards auf Homogenisierung der Leistungsanforderung, allen Kindern die Möglichkeit zu bieten in die Schule aufgenommen zu werden, bezieht Heterogenität der Lernvorrausetzung sowie individuelle Klaviatur und zieldifferenzierte Offenheit mit ein (Schorch, 2007, S.178 f.).

Heterogenitätskonzepte stehen in der Schule in einem Spannungsfeld zur Individualität (Jürgen Budde, 2017, S.13).

2.2. Definition Erziehungsauftrag

Es gibt verschiedene Handlungsfelder einer gesunden Schule, die von einem Projekt der Bertelsmann Stiftung in einem Konzept beschrieben ist (Bertelmanns Stiftung, 2006).

Zum einen wird der Bildungs- und Erziehungsauftrag beschrieben.

Hier geht es um die Ergebnisse der Lehr- und Lernprozesse und somit um die wichtigste Dimension für die Evaluation schulischer Arbeit. Grundsätzlich wird darauf geachtet, dass die Lernergebnisse und pädagogischen Wirkungen der Schule im Mittelpunkt aller Qualitätsbemühungen stehen. Dabei ist wichtig, dass es nicht allein um fachliche Lernergebnisse geht, sondern auch um andere Kompetenzen. (Bertelmanns Stiftung, 2006).

Eine gute gesunde Schule verständigt sich über ihren Bildungs- und Erziehungsauftrag, setzt ihn erfolgreich um und leistet damit einen Beitrag zur „Bildung für nachhaltige Entwicklung." Sie weist gute Qualitäten in folgenden Bereichen auf und sorgt für deren stetige und nachhaltige Verbesserung durch Schulentwicklung:. (Bertelmanns Stiftung, 2006).

Die Kompetenzen sowie Haltungen von Schülerinnen und Schülern wird gefördert, um somit die Bereitschaft zum lebenslangen Lernen zu befördern. Außerdem sollen sie dazu bestärkt werden, ein erfolgreiches und gesundes Leben in einer Gesellschaft zu leben, die sich stetig verändert. Dies wäre ein Erziehungserfolg (Bertelmanns Stiftung, 2006).

Bei der Qualitätsentwicklung von Schule und Unterricht wird bei der Gestaltung von Strukturen sowie Prozessen stringent Erkenntnisse der Gesundheits- und Bildungswissenschaften angewendet (Bertelmanns Stiftung, 2006).

Dabei wird gezielt einen integralen Beitrag geleistet, zum einen zur Qualität der Schul- und Unterrichtsprozesse, aber auch zur Förderung der Lern- und Leistungsfähigkeit der Lehrpersonen sowie Schülerinnen und Schüler. Außerdem wird die Zufriedenheit und das Wohlbefinden der Beteiligten geleistet (Bertelmanns Stiftung, 2006).

Die Gesundheitsbildung fördert das Gesundheits- und Sicherheitsbewusstsein von Schülerinnen und Schülern zum Beispiel Gesundheitsfördernden Unterrichtsprinzipien sowie die Integration der gesundheits- und sicherheitsbezogenen Inhalte im Unterricht. Außerdem gibt es Kurse der pädagogischen Prävention und der Gesundheitsförderung (Bertelmanns Stiftung, 2006).

2.3. Definition Leistungserziehung

Leistungserziehung ist die Entwicklung seiner Leistungsbereitschaft. Diese ist unverzichtbar, denn Leistung ist meistens für Kinder ein wichtiger Anfang ihres Selbstwertgefühls. Damit Kinder sich als Person positiv wahrnehmen braucht es die wiederholte Erfahrung etwas gut gemacht zu haben (Pädagogisches Institut für die deutsche Sprachgruppe, 2006).

Leistungserziehung besteht darin, das Kind immer aufs Neue herauszufordern und zu ermutigen, sich anspruchsvollen Aufgaben zu stellen, neue Lern- und Arbeitsmethoden auszuprobieren, das erworbene Wissen zu festigen und zu vertiefen und neue Erkenntnisse zu erwerben. Hilfe zur Selbsthilfe bei der Leistungserziehung gibt die Lehrerin dann, wenn sie ihre Leistungserwartungen klar äußert und Anregungen gibt, wie das Kind ihnen entsprechen kann, wenn sie ihm deutlich macht, welche Lernwege Erfolg versprechen und wo das Kind sich noch verbessern kann. (Pädagogisches Institut für die deutsche Sprachgruppe, 2006).

Es geht also nicht um eine Senkung der Leistungsansprüche, sondern Ziel ist es, an jedes Kind angemessene Leistungsanforderungen zu stellen (Pädagogisches Institut für die deutsche Sprachgruppe, 2006).

Außerdem sollen leistungsschwächere Kinder kontinuierlich in ihrem Selbstwertgefühl bestärkt werden, damit sie den Anforderungen der Schule gewachsen sind. Ziel soll es sein, für die Zukunft ein Gefühl zu entwickeln, dass das Vertrauen in die eigene Leistungsfähigkeit bestärkt wird (Pädagogisches Institut für die deutsche Sprachgruppe, 2006).

3.Methodik

Anhand einer Literaturrecherche soll die Forschungsfrage: „**Wie kann der Erziehungs- und Bildungsauftrag der Schule vor dem Hintergrund von Heterogenität in Schule und Unterricht bestmöglich umgesetzt werden?**" beantwortet werden.
In der Forschung wurde deduktiv vorgegangen.
Es wurden Daten aus verschiedenen Literaturen sowie Datenbanken und anderen Nachschlagewerken verwendet.

3.1. Umgang mit Heterogenität im Unterricht

Lehrkräfte müssen im beruflichen Alltag mit Heterogenität umgehen, um somit handlungsfähig zu sein. Sie müssen konzeptionell, didaktisch aber auch interaktionsbezogen verfahren (Bohl, 2017, S.257).
Der Unterricht bleibt nur begrenzt planbar. Es ist ein nicht vorhersehbares Interaktion- sowie Beziehungsgeflecht, welches täglich als erneut dialektisches Geschehen verstanden wird (Bohl, 2017, S.258).

Dennoch besteht die Möglichkeit des planes der Lehrkräfte, für den Erfolg jedoch müssen die Schülerinnen und Schüler sich auf die Angebote einlassen.

Angesichts des Erziehungs- und Bildungsauftrages der Schule, von Schulpflicht sowie widersprüchlichen Schulfunktionen handelt es sich dabei letzlich immer um Aushandlungsprozesse.
Ein technologischer Durchgriff (vgl. Luhmann/Schorr 1982) als idealer Umgang mit Heterogenität bleibt weder möglich noch wünschenswert, weil damit überformende Handlungsweisen und einengende Freiheitsbegriffe verbunden wären. (Bohl, 2017, S.258)

In der Schule wird Heterogenität von außen vorgegeben, wird aber auch innerhalb der Schule erzeugt und bewusst oder auch unbewusst verstärkt, welches durch zahlreiche Belege wie die verstärkte Bildungsungleichheit aufgrund schulartspezifischer Lernmilieus (vgl. Baumert et al. 2006) oder bezüglich institutioneller Diskriminierung (vgl. Gomolla/Radtke 2007) vorliegt (Bohl, 2017, S.258).

Es gibt einige Analysen, welche sich auf die Heterogenität beziehen, wie zum Beispiel Beiträge von Budde, Rieger-Ladich und Mecheril. Diese beziehen sich unter andrem auf die Entstehung, auf die Abgrenzung verwandter Begriffe sowie die Struktur des Begriffs (Bohl, 2017, S.258).

Im Weiteren wird sich mit der unterrichtsbezogenen Implikation auseinandergesetzt. Nach Walgenbach (2014) wird Heterogenität in vier Dimensionen eingeteilt, welche für den schulischen Unterricht relevant und auch eng miteinander verbunden sind. Die ersten zwei Dimensionen erfasste Walgenbach in eine deskriptive Bedeutungsdimension, also Heterogenität als Unterschiede, sowie in eine evaluative Bedeutungsdimension was so viel meint wie Heterogenität als Belastung oder auch als Chance. Des Weiteren erfasste er zwei weitere Dimensionen, eine ungleichheitskritische Bedeutungsdimension; Heterogenität als Produkt sozialer Ungleichheit sowie die didaktische Bedeutungsdimension welche Heterogenität als didaktische Herausforderung abbildet (Bohl, 2017, S.258).

Eine didaktische Herausforderung stellt dar, wenn die Heterogenität einer Lerngruppe eine Streuung erreicht und Lehrkräfte somit nur über Differenzierungsmaßnahmen adressiert werden, denn ein lehrerzentrierter Unterricht auf mittlerem Niveau würde somit die Schülerinnen und Schüler der zugehörigen unteren Leistungsgruppe überfordern und der oberen Leistungsgruppe unterfordern (Bohl, 2017, S.258-259).

Wichtig sind daher Umstrukturierungen der Lehrerinnen und Lehrer. Ein Beispiel dafür wäre die Herstellung neuer didaktischer Materialien, welche zur Entwicklung selbstdifferenzierende Matheaufgaben führen. Aber auch die Kooperation zwischen Kolleginnen und Kollegen sollen dadurch gefördert werden.

Durch die Differenzierung ist es für Schülerinnen und Schüler möglich, einen höheren Anteil an selbstständigen Unterrichtsphasen zu erlangen. Der Unterschied liegt darin, dass jede Schülerin und jeder Schüler mit seinen Voraussetzungen anders mit der selbständigen Phase umgehen (Bohl, 2017, S.259).

Im Folgenden werden ausgewählte Forschungsbefunde zum Umgang mit Heterogenität dargelegt. Zuerst werden die Befunde zu heterogenen und homogenen Lerngruppen dargestellt, des Weiteren folgen Befunde der Unterrichtsqualitätsforschung (Bohl, 2017, S.259).

Befunde zu heterogenen und homogenen Lerngruppen:

Mit dem Wechsel aus der Grundschule in die Sekundarstufe I beginnt in Deutschland eine Eingliederung, welche unterschiedlichen Leistungs- und Anforderungsniveaus entspricht und trotz der Einführung von integrativen Schulformen mit mehreren Bildungsgängen, gestaltet sich in vielen Bundesländern der Wechsel nur mit einer gewissen Homogenisierung.

Damit wird das Ziel verfolgt, ein erfolgreiches Lernen zu erzielen aufgrund von ähnlichen Leistungsniveaus (Bohl, 2017, S.259).

„Demgegenüber steht eine Vorstellung erfolgreichen Lernens, die Vielfalt als Chance versteht und in heterogenen Lerngruppen die günstigere Lernumwelt sieht" (Bohl, 2017, S.259).

Nun stellt sich die Frage, ob eine homogene Lerngruppe oder eine heterogene Lerngruppe effektiver ist.

„Kompetenzen und Einstellungen von Schülerinnen und Schüler" auch KESS genannt, ist eine Hamburger Studie bei der Scharenberg (2012) den Zusammenhang von Leistungssteuerung sowie Leistungszuwachs untersuchte (Bohl, 2017, S.259).

Anhand dieser Studie zeigten sich unterschiedliche Effekte. Zum einen gab es Unterschiede in Bereichen der Schulstufen. Je nach Spezialgebiet der Jahrgangsstufen wie zum Beispiel zwischen heterogenen Zusammensetzungen und Kompetenzentwicklung im Leseverständins, welche eher in den Jahrgangsstufen 5 und 6 als später zu erkennen waren.

Des Weiteren gab es den Unterschied hinsichtlich der Schulform. Integrierte Schulformen wie die Gesamtschule stellte mehr Vorteile dar als ein Gymnasium (Bohl, 2017, S.260).

Insbesondere bei der Leistungsgruppen konnte man wesentliche Unterschiede feststellen. Bei leistungsschwächeren stellten sich Vorteile heraus, die höher ausfallen als bei geringeren Nachteilen der Leistungsstärkeren (Bohl, 2017, S.260).

Allgemein lässt sich eine Vermischung verschiedener Merkmale wie der leistungsbezogenen und sozialen Zusammensetzung sowie der Schulform feststellen (Bohl, 2017, S.260).

Befunde der Unterrichtsqualitätsforschung:

Diese Befunde beruhen meist auf einem lehrerzentrierten Unterricht. Die Unterrichtsqualitätsforschung untersucht Aspekte, wie der Unterricht gelingt unabhängig von der Fach- und Altersstruktur sowie der individuellen Gestaltung des Unterrichts. Es wird jedoch eine Ausdifferenzierung, eine Anpassung und eine Interpretation benötigt und präventive Maßnahmen ebenso wie klare Strukturen werden wichtiger (Bohl, 2017, S.260). Also kann ein Unterricht nicht empfohlen werden, sobald er die Erkenntnisse der Unterrichtsqualität nicht fachspezifisch adaptiert (Bohl, 2017, S.261).

Die Basisdimensionen der Unterrichtsqualität scheinen für den Umgang mit Heterogenität als sehr wichtig. Sie verdeutlichen grundlegende Qualitätsforderungen aber auch Voraussetzungen für Lernphasen, in denen die Schülerinnen und Schüler so gut es geht selbstständig arbeiten (Bohl, 2017, S.262).

Die Basisdimensionen sind übergreifende Merkmale eines wirksamen Unterrichts (Bohl, 2017, S.261). Dazu zählen die Klassenführung, die kognitive Aktivierung und ein unterstützendes Unterrichtsklima. Die Klassenführung dient um die Lernzeit, die die Schülerinnen und Schüler haben so intensiv wie möglich zu nutzen und sich bestmöglich mit den Lerninhalten auseinanderzusetzen. Die kognitive Aktivierung soll die Schülerinnen und Schüler zur Auseinandersetzung mit dem Gegenstand anregen. Das unterstützende Unterrichtsklima zielt auf Schülerinnen und Schüler ab, die durch eine gut funktionierende Lehrer-Schüler-Beziehung bei Schwierigkeiten eine geeignete Unterstützung bekommen. Die Merkmale der Basisdimensionen sind nicht klar voneinander abzutrennen, sondern weisen deutliche Zusammenhänge auf (Bohl, 2017, S.261).

Der Umgang mit Heterogenität im Unterricht weist eine bedeutsame Unterscheidung von Oberflächenstruktur und Tiefenstruktur auf (Bohl, 2017, S.263). Erst wenn die Tiefenstruktur im Unterricht erreicht wurde, laufen die Lernprozesse besonders erfolgreich ab (Bohl, 2017, S.262). Als Oberflächenstruktur wird die sichtbaren Merkmale des Unterrichts beschrieben und sichert auf keinen Fall die erfolgreichen Lernprozesse. Diese gelten für Lehrkräfte und Schülerinnen und Schüler gleichermaßen. Wichtig ist jedoch, die Tiefenstruktur zu erreichen. Derweilen gibt es noch zu wenige Informationen zu den Zusammenhängen der Oberflächenstruktur sowie der Tiefenstruktur (Bohl, 2017, S.262).

Ein weiteres wichtiges Merkmal der Befunde der Unterrichtsqualitätsforschung stellt die Stufen der Unterrichtsqualität dar (Bohl, 2017, S.263).

Pietsch (2009) ermittelte ein Stufenmodell der Unterrichtsqualität welches in 4 Stufen aufgeführt ist. Stufe 1 Bildet das Lernklima und die Sicherung der pädagogischen Strukturen ab.

Die Stufe 2 verdeutlicht, dass Klassen effizient geführt werden müssen und Methoden variieren sollten. Stufe 3 besagt, dass Schülerinnen und Schüler motiviert werden sollen und es soll aktives Lernen und Wissenstransfer ermöglicht werden. Die letzte Stufe und somit die wichtigste Stufe verdeutlicht, dass zwischen Schülerinnen und Schüler differenziert werden muss und diese wirkungsorientiert sowie kompetenzorientiert zu führen sind (Bohl, 2017, S.263).

Dieses Stufenmodell ist im Kontext mit dem Begriff der Heterogenität deshalb wichtig, da es verdeutlicht, wie anspruchsvoll und zu gleich voraussetzungsreich ein Unterricht ist.

Es müssen alle Stufen gegangen und erreicht werden, um eine langfristige Planung der Unterrichtsentwicklung zu erlangen (Bohl, 2017, S.263).

3.2. Erziehungsauftrag der Schule

Der Begriff education heißt übersetzt so viel wie Erziehung und Unterricht (Beckmann, 1979, S.29). Es wird folglich unter Erziehung die Veränderung von Einstellungen und Haltungen verstanden. Unter dem Begriff Unterricht versteht sich die Vermittlung von Einsichten, Kenntnissen und Fertigkeiten.

Laut Hans-Karl Beckmann geht es nicht um die Frage, ob die Schule erzieht, sondern um die Frage nach den Erziehungszielen und Möglichkeiten und Grenzen von Erziehung in der Schule (Beckmann, 1979, S.29).

Erziehung und Unterricht sind in der Schule nicht voneinander zu trennen (Beckmann, 1979, S.36). Wichtig sind auch die erzieherischen Aufgaben und Möglichkeiten im Bereich der Schule.

Ein essenzieller Bereich ist die Beachtung der ethischen Dimension im Unterricht.

Die Schule muss die Gelegenheit nutzen, Wertvorstellungen und Haltungen langfristig sowohl systematisch zu vermitteln.

Neben dem Kognitiven Bereich muss auch Beachtung für den emotionalen Bereich geschenkt werden. Im Zusammenhang gesehen mit der Leistungsanforderung muss auch beachtet werden, dass die Leistung als soziale Pflicht angesehen wird.

Es muss deutlich gemacht werden, dass es auch Menschen gibt, die ohne eigenes Verschulden weniger leisten können. Auch die Vermittlung, dass alte, schwache oder kranke Menschen in mancher Beziehung nichts mehr leisten können. Um ihnen daher ein menschenwürdiges Leben zu verschaffen, benötigt es die Leistung der anderen. Dabei steht im Vordergrund, seine eigenen Bedürfnisse hintenanzustellen (Beckmann, 1979, S.36).

Des Weiteren sind die erzieherischen Wirkungen des Unterrichts von großer Bedeutung.

Der Unterricht wirkt im erzieherischen Maße in dreierlei Hinsicht (Beckmann, 1979, S.37).

Zum einen, findet der Unterricht immer regelmäßig sowie pünktlich statt. Dies wirkt sich als Gewöhnungseffekt auf die Schülerinnen und Schüler aus.

Außerdem sind die leserliche Schrift, eine positive Arbeitshaltung sowie die Sorgfalt der Lehrerinnen und Lehrer eine wirksame erzieherische Maßnahme im Unterricht.

Die verschiedenen Unterrichtsmethoden wirken sich ebenfalls auf das erzieherische im Unterricht aus.

Appell oder Ermahnungen reichen nicht aus: >>Verhaltensweisen sind nur dann Verhaltensweisen, wenn sie ohne immer erneute Einschaltung des Bewußtseins funktionieren. Sie müssen Gewohnheiten werden und verinnerlicht werden. Das ist nicht nur das Lehren und Lernen von Prinzipien zu erreichen, sondern nur durch Einüben<<. Das aber erfordert vom Lehrer Ausdauer, Geduld und Phantasie. (Beckmann, 1979, S.37)

Das Schulleben ist eine eigene Lebenswelt. Es erfordert Bildung von Schülerinnen und Schüler sowie von Lehrkräften und Eltern für eine sinnvolle Gestaltung des Schullebens (Beckmann, 1979, S.38).

Es gibt drei wichtige Aspekte, die im Rahmen des Schullebens eine erzieherische Bedeutung haben. Verhaltensformen wie Höflichkeit und Rücksichtnahme machen die Beziehung unter den Menschen einfacher. Die Generation der Erwachsenen muss diese Verhaltensformen erzieherisch fordern. Die Aufgabe der Schule ist es, ihren Teil dazu beizutragen.

Eine weitere erzieherische Bedeutung stellt die Gestaltung eines jugendgemäßen Lebens in der Schule dar neben dem Unterricht.

Damit gemeint sind erzieherische Möglichkeiten von Festen, Feiern aber auch Wanderungen und von Besuchen des Schullandheimes.

Mit ein wirken auch die Schülermitverantwortung.

Wichtig ist zudem, dass auf die Bedeutung der zwischenmenschlichen Beziehung für die Erziehung hingewiesen werden muss (Beckmann, 1979, S.38).

3.3. Der Lehrer als Erzieher

Nicht nur die Lehraufgaben sind wichtig, sondern auch die Erziehungsaufgaben spielen eine essenzielle Rolle. Diese beiden Aufgaben sind nicht voneinander zu trennen (Baumann, 1983, S.65).

In der Rolle des Erziehers sind die Aufgaben des Lehrers, eine unterstützende Hilfe zur persönlichen Entfaltung und Selbstbestimmung geben, um die Schülerinnen und Schüler auf verantwortungsbewusstes Handeln hinzuleiten.

Die wesentliche Aufgabe des Unterrichts, ist es, Kenntnisse, Fähigkeiten und Fertigkeiten zu erlangen. Dieser Prozess verläuft nie ohne pädagogische Nebenwirkungen (Baumann, 1983, S.66). Lehrerinnen und Lehrer müssen über ein bewusstes, beabsichtigtes und systematisches pädagogisches Handeln verfügen.

In der Rolle des Erziehers gehört es auch dazu, gesellschaftlich akzeptierte Werte zu vermitteln ebenso wie Normen und Verhaltensmuster. Auch affektive und soziale Fertigkeiten und Fähigkeiten sowie Einstellungen und Erwartungen sollen den Schülerinnen und Schülern vermittelt werden (Baumann, 1983, S.66).

> Es ist die Aufgabe des Erziehers, junge Menschen zu befähigen, ihr Leben, d.h. ihr Denken, Fühlen, Wollen und Handeln, an ethischen Normen und sozialkulturellen Werten auszurichten. Erziehung will damit dem jungen Menschen jene Richtwerte vermitteln, die er zur sinnvollen und verantwortlichen Realisierung seines Lebens braucht. (Baumann, 1983, S.66).

Es ist wichtig, dass in der Beziehung zwischen Erzieher und Zögling die Erziehung nur Hilfe zur Selbstfindung sowie Selbstbestimmung und der Selbstverwirklichung bieten kann.

Erzieherische Kompetenzen wie z.B. Lob und Ermutigung oder Ermahnungen werden durch die Lehrerinnen und Lehrer dargestellt (Beckmann, 1979, S.38).

Die Lehrkraft muss, während dem Unterricht erzieherisch eingreifen aber auch abwägen, ob der erzieherische Eingriff notwendig ist.

„Der Lehrer ist Erzieher, aber auch als solcher muß er bedenken: >>Kinder sind wie Uhren; man darf sie nicht nur aufziehen, man muß sie auch gehen lassen<< (Jean Paul)" (Beckmann, 1979, S.38).

4.Fazit

Da Heterogenität nicht nur im Alltag, sondern vor allem im Bereich des Bildungssystems eine essenzielle Rolle spielt, stehen die Lehrkräfte täglich in Verbindung mit diesem Begriff.

Es gestaltet sich schwierig, in großen Klassen mit vielen Schülerinnen und Schülern jedem Schüler gerecht zu werden. Jeder Schüler hat ein anderes Lerntempo. Kein Schüler gleicht dem anderen. Das stellt Lehrerinnen und Lehrer täglich vor eine Herausforderung.

Denn ein gut gelungener Unterricht unterzeichnet sich durch ein gutes Klassenklima und dies kann nur dann stattfinden, wenn auf die Bedürfnisse des Einzelnen gleichermaßen eingegangen werden kann. Doch nicht nur die Lehrkräfte müssen auf die Schülerinnen und Schüler eingehen, auch die Lernenden müssen kooperieren und die Angebote der Lehrkräfte annehmen, denn nur so kann das Beziehungsgeflecht funktionieren.

Wichtig ist darauf zu achten, dass ein lehrerzentrierter Unterricht auf mittlerem Niveau die Schülerinnen und Schüler auf der einen Seite nicht überfordern und auf den anderen Seiten nicht unterfordern. Das stellt eine große Kunst dar, um diese Herausforderung gekonnt zu meistern.

Daher ist es wichtig, dass sich die Lehrkräfte stetig weiterentwickeln und den Unterricht immer wieder neu anpassen. Auch der Austausch mit Kolleginnen und Kollegen ist sehr wichtig und kann die Sichtweisen erweitern und zu neuen Denkweisen anregen.

Schülerinnen und Schüler sollen die Unterstützung bekommen, die sie benötigen. Se sollen aber auch lernen, selbständig sich etwas erarbeiten zu können und da ist jeder Schüler anders.

Wichtig für erfolgreiches Ablaufen der Lernprozesse ist die Tiefenstruktur zu erreichen. Auf der anderen Seite gibt es noch die Oberflächenstruktur, welche allerding die Sicherung der Lernprozesse nicht sichert.

Durch das vier Stufen Modell von Pietsch ist für mich ein wichtiger Begriff, den man im Zusammenhang mit der Heterogenität sehen sollte.

Das Modell verdeutlicht, wie anspruchsvoll und voraussetzungsgleich ein Unterricht ist. Es reicht nicht aus, eine Stufe zu erfüllen oder etwa Stufen zu überspringen. Es muss jede der vier Stufen gegangen werden, um eine langfristige Planung der Unterrichtsentwicklung zu erlangen, welche essenziell wichtig ist für heterogene Lerngruppen.

Die Schule hat einen Erziehungsauftrag, dem sie nachkommen sollte, doch geling ihr das vor allem im Hinblick auf die Heterogenität?

Mithilfe dieser Hausarbeit möchte ich meine Forschungsfrage: „Wie kann der Erziehungs- und Bildungsauftrag der Schule vor dem Hintergrund von Heterogenität in Schule und Unterricht bestmöglich umgesetzt werden?" beantworten.

Hierzu ist zu sagen, dass es verschieden Ansichten gibt.

Zum einen gestaltet sich die Umsetzung, im alltäglichen Unterrichtsleben schwer, dennoch gibt es einige Ansätze und Modelle, die es ermöglichen können, die Umsetzung zu vereinfachen. Doch nicht alle Modelle, die gut und logisch schlüssig erscheinen sind in der Realität gut umsetzbar.

Mithinein spielen viele Faktoren, ob ein Modell wie zum Beispiel das vier Stufen Modell erfüllt und umgesetzt werden kann.

Gibt es Störfaktoren an der einen Stufe, kann die nächste nicht gegangen werden. Gibt es keine Lösungen für die Schwierigkeiten, kann das Modell also nur bedingt angewendet werden. Anders kann es aber auch gut funktionieren und ermöglicht, dass der Erziehungs- und Bildungsauftrag der Schule vor dem Hintergrund von Heterogenität in Schule und Unterricht umgesetzt werden kann.

Doch nicht alle Lehrerinnen und Lehrer zeigen diese Bereitschaft, sich stetig weiterzuentwickeln und ihren Unterricht individuell auf ihre Schülerinnen und Schüler anzuwenden. Andersrum, ist nicht jeder Schüler bereit, die Angebote der Lehrkräfte anzunehmen und umzusetzen. Um einen reibungslosen Unterricht gewährleisten zu können im Hinblick und Rücksicht auf Heterogenität, müssen sowohl Lehrkräfte als auch Lernende miteinander arbeiten, anstatt gegeneinander. Das stellt eine große Hürde und Herausforderung für das Bildungssystem dar.

Meiner Meinung nach kann dies nicht immer und nur selten umgesetzt werden. Die Klassen in allgemeinbildenden Schulen werden immer größer und die Voraussetzungen, die die Schüler schon mit sich bringen sind sehr unterschiedlich. Auf jeden einzelnen Schüler einzugehen, als einzelne Lehrkraft und dabei noch den vorgegebenen Unterrichtsstoff zeitlich zu vermitteln erscheint für mich schwierig, dennoch nicht unmöglich.

Eine Idee, um mehr Struktur sowie mehr Möglichkeiten für Schülerinnen und Schüler zu bieten, die zum Beispiel mehr Förderung benötigen als andere, wäre eine zweite Lehrperson in die Klasse zu integrieren. So kann diese sich den Schülern widmen, die mehr Aufmerksamkeit benötigen.

I.Literaturverzeichnis

Baumann, S. (1983). *Der Erziehungs- und Bildungsauftrag der Schule. Ein Handbuch für Studium und Schulpraxis* (1. Aufl.). Prögel.

Schmaderer, F.O. (1979). *Die pädagogische Gestaltung des Schullebens. Beiträge zur Verwirklichung des Erziehungsauftrags der Schule* (1.Aufl.). Ehrenwirth.

Bohl, T., Budde, J. & Rieger-Ladich, M. (2017). *Umgang mit Heterogenität in Schule und Unterricht. Grundlangentheoretische Beiträge, empirische Befunde und didaktische Reflexionen.* Julius Klinkhardt.

Schorch, G. (2007). Studienbuch Grundschulpädagogik (3.Aufl.). Klinkhardt.

Budde, J. (12.03.2018). Heterogenität in Schule und Unterricht. bpb. https://www.bpb.de/lernen/digitale-bildung/werkstatt/266110/heterogenitaet-in-schule-und-unterricht

Bertelsmann Stiftung. (2006). Die gute gesunde Schule. https://www.bertelsmann-stiftung.de/fileadmin/files/BSt/Presse/imported/downloads/xcms_bst_dms_20065_20066_2.pdf